harald grill
einfach leben
bairische gedichte

Die Deutsche Bibliothek – CIP-Einheitsaufnahme

Grill, Harald:
Einfach leben : bairische Gedichte / Harald Grill. –
Regensburg : Mittelbayerische Dr.- und Verl.-Ges., 1994
   ISBN 3-927529-10-9

harald grill
einfach leben
bairische gedichte

© Mittelbayerische Druck- und Verlags-Gesellschaft mbH, Regensburg, 1994
Umschlaggestaltung:
Ruth Ibañez, unter Verwendung eines Ölpastells von Richard Vogl
Herstellung: Druckzentrum der Mittelbayerischen Zeitung, Regensburg

Gesetzt aus 11/14 Punkt Times
Gedruckt auf gelblich weißem Werkdruckpapier,
90 g/qm mit 1¾fachem Volumen
ISBN 3-927529-10-9

meiner mutter,
meinem vater,
meiner schwester

I

*„Wir alle tragen etwas in uns, das uns
nicht gehört, das wir nicht enträtseln,
in das wir nicht vordringen können.
Weil er mir auf eine Weise ähnlich ist,
erschreckt mich der Fremde.
Letztlich fürchte ich ihn nur,
weil ich vor mir selbst erschrecke.
Wie, wenn ich der andere wäre?"
(Elie Wiesel)*

SONNTAG

in aller herrgottsfriah
baun se d veegl nester
in meine ohrwaaschln

taat eahna gern helfa
dene plärrgoschertn
beim nestbaun
und fädn zupfa für sie
aus dem schwaarn tuach
hinter meine augn

aber i halt mi staad
ganz staad in meim federbett

MEI ARBAT

mei arbat wachst ma
überm kopf
zamm

a daachl

unter dem
bin i guat aafghobn

EINFACH LEBEN (1)

in meim tisch nix sehng
wia r an tisch

koa tischdeckn
soll s holz verstecka

a jede kerbn
möcht i gspürn kinna

wenn i mit meim bleistift
was aafschreib

EINFACH LEBEN (2)

acht stund fabrik
drei stund busfahrn
vier stund hausfrau

a krummer buckl und
zammagwerklte händ

übernaachtige augn

und unter dir
im kellerzimmer klopft
da alt vatter an d zimmerdeckn
weil a sein tee no net hat

einfacher
geht s nimmer

EINFACH LEBEN (3)

mag nimmer schwimma im wein

wunder solln an anderne richtung nehma
wenn s scho sei miaßn

wein soll wieder wasser werdn
koa fahrwasser

z fuaß mag i geh
zu dir

UNTERWEGS

(in gedanken an meinen vater)

im bus und im zug
samma ummasonst gfahrn
da vatter und
da bua
is dei *begleitperson* gwen
dei schwerbeschädigtenausweis
hat di ausgwiesn
und mi

damals hab i mi gschaamt
mit dir

heit schaam i mi
alloans

GESCHICHTE

in meine gschichtsbiachln
steht vül
vo dene
wo schuld san
daß mei vatter grad
a halberts lebn hat lebn kinna

in meine gschichtsbiachln
steht nix

vo meim vattern

NAA, DE SUPPN MAG I NET

mei großvatter hat weiterglebt
in meim vattern

mei vatter wollt alles
alles besser macha
aber im kriag hat a mittoa
de suppn hat a auslöffln miaßn

mei vatter lebt weiter
in mir

i will alles
alles besser macha

i will koa suppn auslöffln

aber i hab hunger

KIRCHENBESICHTIGUNG

drin
bin i aaf oan schlag
wieder zwölf joahr alt

steh staad
vorm schwarzn beichtstuhl
riach an weihrauch
denk an a gstöcklte milch
kriag schwitzerte händ
und gspür
an durchmarsch scho im bauch

beidln tuat s mi
abbeidln mecht i alles
und auße nix wia auße

draußt
woaß i wenigstns
vor was
daß i angst hab

LEBENSHILFE

nimm dei hand in d hand
de rechte in de linke
oder de linke in de rechte
und schau da deine finger o
schau da s genau o

dann nimmst an mittlfinger
vo da linkn und an zeigefinger
vo da rechtn oder den zeigefinger
vo da linkn und an mittlfinger
vo da rechtn und
ziahgst o
ziahg nur o
zwoa scheene lange finger brauchst

und dann nimmst as de zwoa finger
und bindst as zamm
ja genau
wia ma r a schuahbaandl bindt

und mit deine andern finger
machst as genauaso

mehra
kann i leider
net toa
für di

LUNGENKREBS

etza habn s n weggagrissn
den zigrettenautomaten
weil a se nimmer
rentiert hat
wo da rudi gstorbn is

direkt weiß
de wand
wo da automat ghängt is
friahras

des is am rudi sei heller fleck

DOPPELVERDIENER

d frau hat a
ans fließbaandl vom siemens hignaaht
ihrane händ und fiaß einfach festgmacht

fralle
hat se s net leicht
allerweil muaß s mitrenna allerweil und allerweil

do gaab s scho tag
do taatn s gern was toa
mitnand
sie und er
also er
bestimmt

aber do kumman s einfach net dazua
miaßn allerweil mitrenna
mim fließbaandl
allerweil

VOR DA ALTN MÜHL
(stilleben)

zwoa ausgsteuerte mühlstoana
oa sonn an de andre gloahnt

zwoa wo scho lang vaheirat san
oana is nix ohne den andern

aber nix mehr
werd zriebn zwischn eahna

de kinnan bei da nacht
bloß no de wärm gebn
wo s am tag kriagn

HINTERM BILDSCHIRM

hundert augn und
hundert köpf und
hundert lebn
zoagn s ma jedn tag

hundert augn und
hundert köpf und
hundert lebn
bräuchert i

daß i de ganzn programme mitkriag
wo gmacht werdn
extra für mi

hab aber grad
zwoa augn
und

oa lebn

des
schalt i aus
allerweil wenn i den kasten eischalt

GRENZLAND
(vom schaumberg aus)

a gscheckerter fleckerlteppich
oa stroafa neberm andern

a jeder is irgendwann amal
a grenz gwen
und heit kannst einfach drübergeh

oa farb neber da andern
unser abtragns gwand

oa stroafa vo de schwarzn hemadn
oana vo de rotn fahna
oana vo de weißn babyjackerl
oana vo de graua wollunterhosn

oa gschicht neber da andern
jeder kann s da erzähln

aber was hamma bloß alles
unter den teppich kehrt
daß a se gar a so wellt und so bucklt

UNSER GRABSTOA

mia stehngan aaf granit
mia beißn aaf granit
a lebn lang granit
a stoa wia mia
außagsprengt
zrechtghaut
gschliffa
poliert

II

*„Jeder Mensch braucht ein Dorf
und sei es nur, um es hin und wieder zu verlassen"*
(Cesare Pavese)

BIS ZUM MORGENGRAUEN

de mopedfahrer
de komischn veegl
de fliagn um d wett
mit meim schlaf

i kann net mithaltn
i bleib liegn mit aafgrissne augn
stund um stund tröpflt aus ins hirn

wia s tag werd
is s staad

bloß da wasserhahn
tropft und
tropft

draußt liegn s irgendwo im grabn
schwarze veegl
mit aafgrissne augn

de habn aa net mithaltn kinna

so suacht und
so findt am end
a jeds doch no
sei ruah

NOVEMBER

(1)
draußt vorm dorf neberm neia friedhof
aaf da gmaahtn wiesn
stehngan panzer

da soldat steigt ummanander
wia da gockl aafm mist

über de ohrwaaschln
steht s uniformkaappl
rot aafgschwolln da kaampl

(2)
kloane kinder
derfan aaf d panzer kraagln

kloane kinder
derfan kriag spieln

kloane knöpf
aafm totngwand

(3)
am nächstn tag fahrn de panzer weiter
ins nächste dorf

gestern hat s an buam obaghaut vo da kanona
kein beinbruch hat da dokta gsagt

tiafe spurn in da wiesn
des san scho d furchan
für an vül an größern gottsacker

festgfrorn in da lettn leucht
as erschte totnliachtl

gehst näher hi
werd draus
a kloana roter gummistiefl

SCHUTZ SUCHEN

hörst as net belln
de hund
hörst as net plärrn
de treiber
hörst as net
wia d jaaga schiaßn
hasn samma wo oan
hakn schlagn
nachm andern

wenn ma vor lauter angst
nimmer wissn
wo da kopf hockt und
wo d fiaß stehngan

und wenn ma vor lauter angst
nimmer wissn wolln
wo obn is und wo untn
wo links is und wo rechts

und wenn ma vor lauter angst
nimmer wissn derfan
wia ma hoaßn und
wo ma herkumman

wer werd eppa dann
vo uns
no was wissn wolln

STAMMTISCH

gscheidhaferl neber gscheidhaferl
neber gscheidhaferl neber
gscheidhaferl

große politiker
große christn

im vollrausch
ziahgt se s zamm
wia r a brennade zeitung

im vollrausch san s
fast ganz normale menschn

WALLFAHRER

kaum geht da urlaub o
taan s wallfahrtn wia bläd
oana schneller und weiter
wia da ander

aaf freier streck
legn se se da läng nach
aafn erdbodn
und betn d sonn o

ums ewige lebn betn s
damits ewig so weitertoa kinnan
ewig so zua
und zua

aber irgendwann
fangt s getriebe o zum klopfa
dann miaßn s umdraahn

und dahoam knirscht beim erzähln
no lang zwischn de zähn
da sand

DAS EWIGE LICHT LEUCHTE IHNEN

d antennenschüssl
fürn kopfsalood

d elektrische großmuata
fürs drantscherte kind

alle poar minutn
nachrichtn
de ewige unruah für alle

no de granitern grabstoana
san gsprenklt
wia da fernseher
wo weiterlaafft
wenn s programm
scho lang aus is

SPAZIERGANG DURCH DEN NEUEN FRIEDHOF

de parkn de totn
wia d auto

nummernschildln mit goldane buchstabn

und als marknzeichn muaß herhaltn
a kreuz oder
a jesus oder
a maria oder
a engerl

aafpolierte grabstoana
oa kühlerhaubn neber da andern

dazwischn kaum no luft

braucht s aa gar net

de türn gehngan aaf
nach obn oder
nach untn

VOR DA VERLADESTATION
VOM ALTN STOABRUCH

de queckn haltn de pflasterstoana
so fest daß d as net ausgrabn kannst
zum pflastern vo deiner garagenauffahrt
oder zum katzndaschmeißn

und überhaupt
unserne katzn de habn neun lebn
de habn no seltn an grabstoa braucht

DORFSCHÖNHEITEN

sonntagnamittag
d sonna am buckl und
an bh-verschluß druckt s durch s t-shirt

de naarrisch *wilde frischn*
vom deo-spray waachlt über d straß
und de bundeswehrler wo hoamfahrn
in d kasern gehngan kurz
oba vom gas

sonntagnamittag
staub in de hoar und am gwand
schweißfleckn wia r a weltkartn

oana bleibt steh
und in da disko bliahn
türkisgreane hosn
so lang bis
am vattern sei grantigs gsicht aaftaucht
hinter da light-show

MUTTERTAG

wenn i heit in da friah
d wohnung zammaräum

wenn i no dazua abspül
und staubsaug
und d flaaschln in n keller tua
und an mülleimer obetrag
und an tisch richt fürn kaffee

dann soll se s amal selber gspürn
unser muata
wia des is
wenn ma am sonntag
in aller herrgottsfriah
ausm scheenstn schlaf grissn werd

VOLKSWANDERTAG

ausm tal
aus de brettlebna werktag außa
aaffe in aller friah
aaffe aaf den erstn bestn sonntagsberg

drobn derfan s a wengerl grasn

aaf d nacht
trottln s wieder brav
obe ins tal

und de wanderordn am janker
läutn wia d kuahglockn

soll uns ja koana
verlorn geh

UNSER DORF SOLL SCHÖNER WERDEN

gestern san s beim nachbarn
zum freia grundstückl
ummegschlicha

und habn an alts kanapee
hintregschmissn

a solcherner saustall

was moanst
zoag ma s o

oder tamma
unsern altn kühlschrank aa umme

FRÜHLING

auf geht s
zum garten-center

kaaff ma uns
a dosn
greane farb

SCHLACHTTAG

drent bliaht s hungerbleamal
und s letzte heu riacht umma

schnell an sack übern kopf

siehgst
mia san da guat
bis zum end

da letzte gang
übers ruaßige pflaster
geh zua geh zua

draußt läutn s zamm zur mess
mim messer und
mim haackl

und drin rührt und rührt
oana im kessl de schwarze suppn
damit s net stockt

III

*„Wir haben es satt, in einer Raffgesellschaft zu leben,
in der Korruption nicht mehr die Ausnahme ist,
und in der sich allzu vieles nur ums Geldverdienen dreht.
Es gibt Wichtigeres im Leben des einzelnen
wie auch im Leben der Nation."*
(Helmut Schmidt, 1992)

ZEHNERL SCHMEISSEN

baam oder zahl

oans is gwieß

ohne baam
zahl
ma draaf

DRUCKERT SCHWÜL ÜBER DA DOANA

d schwalbn fliagn tiaf
über da uferschnellstraß

d auto fetzn und fetzn
aber koa oanziger autofahrer

hat den kleanstn bluatspritzer
aaf seim weißn hemad

DONAULANDSCHAFT BEI REGENSBURG
(ölgemälde vom albrecht altdorfer, 1525)

mia taat ma gern lebn
weit drin in

deine altn farbn
weit drin in

deiner landschaft

weil aaf de
passn s aaf

WIEDERAUFBEREITUNG

d uranbrennstäb
tamma wieder-
aufbereiten
wenn s hi san

und uns?

ENTSORGUNG

eine kleine weile
und dei lederhosn
werd aus blei sei miaßn
wenn s d no kinder habn willst

wieder eine kleine weile
und deine kinder
werdn aus blei sei miaßn
wenn s no kinder sei wolln

SCHUTZENGELSCHUTZ

unserne schutzengln
stehngan aa scho lang
aaf da rotn listn

etz san mia
de schutzengln
vo unserne schutzengln

SCHAU AAF

silbervogl
hoch am himml drobn
fallst uns in d lungafliagln

silbervogl
bringst uns weit wegga
bringst uns in n himml
bringst uns in d höll

OBERPFALZ

waassriger tisch
glitschige fisch
glasgreaner wald
grantig und kalt

wo no was steht
werd d landschaft gmaaht
d leut san so staad
wia s nur grad geht

abgschnittner zopf
stoaniger traam
hoaß werd da kopf
weil i mi schaam

d zähn wern länger
s land werd wenger
und bis d amal glangst
san d leut voller angst

do hilft uns koa woana
do hilft uns koa wuat
do hilft uns grad oana
wo was dagegn tuat

WALHALLA

hoch aafs podestl hoch
warum denn net

etz bleibn s steh
wo s higstellt werdn
und rührn se nimmer vom fleck

etz kannst eahna
s wort im mund umdraahn und
sie redn da nix mehr drei

etz san s genauaso eiskalt
wia ma sei muaß
wenn ma s zu was bringa möcht

etz
passn s zu uns

REGENSBURG, RHEIN-MAIN-DONAU-KANAL

etz hamma unsern kanal
voll
schee grad laafft a dahi
guat habn s n hibracht

so was scheens
is uns echt abganga

etz wiss ma wieder
wo ma higeh miaßn
wenn ma ins wasser geh wolln

NACH ALTEN LEGENDEN

unserne holzern heilign
gegan strom
san s aaffagschwumma zu uns
und mia habn s aafgnumma
woaßt scho
weger de wunder

aber sie habn koa kraft mehr
de stehngan ummanander in da kirch
wia bstellt und net abgholt

nimmer lang
dann schwimman s an bach obe

mia baun oan staudamm nachm andern
damit s uns bleibn

a poar wurmstichige stückln holz
draahn se hinum und herum
und wissn net wohi

und mia fisch ma s wieder außa
und tragn s hoam in d stubn
woaßt scho
weger de wunder

KLEINER ARBER, BAYERISCHER WALD

drobn unterm gipfl
nebranander drei tote
mit ausgrenkte arm
drei abgstorbne baam

staad is s herobn ganz staad
koa vogl pfeift
und uns
hat s aa scho d sprach verschlagn

wer unterm
kreuz steht
tuat se halt hart
zum sagn
vater vergib ihnen
denn sie wissen nicht
was sie tun

ÜBERMORGEN

wenn
de baam alle
wegga san

dann
miaß ma uns
selber histelln

d händ ausbroatn wia äst
d fiaß miaßn wurzln schlagn

und schaung miaß ma
wia wenn ma no lebn taatn

BUNTSPECHT

hoch drobn im baam
suacht a was zum fressn
und findt nix
und klopft und klopft se
schlag aaf schlag
sei gscheckerte wuat
aus de federn

schlag aaf schlag
mim hartn schnabl
weit eine ins hirnholz

schlag aaf schlag
bis sogar de totn
drunt unter da wurzlsonn
mitkriagn
daß se no was rührt
bei uns herobn

AUFBRUCH FRÜH AM MORGEN

i draah dahoam
a letzte rundn

finster is s no
kaum daß i siehg
wo i histeig

am ausgfranstn end
vo unserm gartn
bliahn scho d brennessln

mitten drin
friert s mi

aber drent überm holz
steigt da berg aaf
ins liacht

IV

„Die Zukunft war früher auch besser."
(Karl Valentin)

BODENSCHÄTZE

im bodn steckan
kohln und
eisn und
kupfer und
blei und
vatter und
muata und
großvatter und
großmuata

de oan grab ma aus
de andern grab ma ei

STOFF FÜR EIN HEIMATLIED

(1)
wer sei land mag
der lobt s
net grad
übern schellnkini

sonst kaannt s leicht sei
daß s morgn
nix mehr gibt
was a lobn kaannt
an seim land

(2)
samma froh
daß unser land
koa schlaraffnland net is

weil stoana
san besser
wia r a kuacha

weil stoana
werd uns so schnell koana
weggafressn

- - -

hoff ma bloß no
daß koa
uran drinsteckt
im stoa

DURCHBLICK

irgendwo werdn de zwetschgn blau
irgendwo werdn de kirschn rot
irgendwo is as geld fast gelb

irgendwo san de baam no grea
irgendwo is as gras scho braun
irgendwo fahrt a bauer mist

mia sehng ma alles
ganz farbig
sogar in da nacht
im traam

aber fürs denga
glangan uns

schwarz und weiß

IN DA NACHT IM PFÖRTNERHÄUSL

durchs gitter
druckt s liacht eina

da maschndraht im kopf kann mi nimmer
bremsn beim schreibn

i mag meine augn net ausdrucka
im aschenbecher

HERBSTMANÖVER

generalprobe
fürs leitumbringa

mia spieln
in dem stückl

a hauptrolln

ohne text

KOPFLAST

mia miaß ma
angst habn

wenn ma uns
über unser lebn

an kopf
zbrechan

aus menschnköpf
san atomsprengköpf wordn

SOLDATEN

de werdn nia nirgends koa ruah net findn

stramm steckan s im erdbodn
allerweil aufrecht
wia de gelbn ruabn
in oana reih schiaßn s ins kraut

allerweil treibt se s
in zwoa richtunga aaf oamal
aaffezua und
obezua

VOM UNBEKANNTEN ENGEL
(basilika zu tholey)

a engl wo sei gsicht
verlorn hat

wo soll a denn hischaung
ohne augn

wo soll a denn hideutn
mit seim oana arm

wo soll a denn hifliang
mit dafetzte fliagln

a gstürzta engl

helf ma eahm aaf
helf ma eahm aaffe
aafn sockl vom kriegerdenkmal

VOGELBEERBAAM

d ampl am zaun
steht aaf rot

aber alles laafft weiter

da postbot
da hund vom nachbarn
d vorbereitung für d fahnaweih
vom kriegerverein

und etz denk aa i
weiter

WIA S D AS MACHST IS S VERKEHRT

hinterm wind nachelaaffa
do machst di zum kasperl

vorm wind herlaaffa
do machst di mit schuldig

gegern wind orenna
des kaannt da
dei gnaack brecha

vielleicht
flach aafn bodn hilegn
nix hörn
nix sagn
nix wissn

dann tatschn s di zamm
de wo gegern wind orennan
de wo vorm wind herlaaffan
de wo hinterm wind nacherennan

JUDENFRIEDHOF IN EBERN
(reisenotiz, januar 1994)

da schnee
über de grabstoana
a ganz a dünne haut

scho wennst hischnaufst
reißt s aaf

i glaub
uns wachst
unter da haut
aa scho da stoa

und s schnaufa
fallt uns jedn tag
a bißerl schwaarer

IN DEINER KÜCH

i suach as salz und
i find grad an zucker

i bin net dahoam bei dir

du gspürst as
weil i allerweil
de falschn wörter find
in deine schubladn

V

*„Mitten im Dorf, von Gestrüpp
umwuchert, steht - unverhofft!-
ein blühender Zwetschgenbaum!"*
(Issa)

LIEBESGEDICHT

a halberts joahr
hab i braucht
bis i da
gschriebn hab
was i da
sagn hab wolln

und etz hetz
i mittn in da nacht
durch d stood und suach
an briafkastn

mit nachtleerung

MÄRZ

du deckst mi zua
wenn d kältn no amal
ins haus schleicht

du haltst deine augn offn
wenn s nacht is
bei mir

i verkriach mi
unter da deckn
und denk an di

s fuader im voglhäusl
schlagt wurzln

FAMILIENSPAZIERGANG
(der erika, dem andreas und dem martin)

da weg is schnürlgrad

mia gehngan daahi
mit am finstern gsicht

kaum daß i s spann
vo irgendwoher
packt mi dei kloane händ
am dauma

du schaltst as liacht ei
in unserne gsichter

da weg macht a kurvn
mia san wieder wer

ZWISCHEN UNS ZWOA

du schaugst
mi o
und du
siehgst was
in mir
was i
net sei mag

i red den ganzn tag nix
mit dir
aber du
verstehst alles
was i
net sag

wenn ma mia
beinanderliegn
dann steht gwieß
koa wand
zwischn uns zwoa

höchstns
a spiagl

DER GEFAHR IN DIE AUGEN SEHEN

in deine augn
siehg i
daß d as
net guat moanst
mit mir

in deine augn
siehg i
mi selber

ZAMMARAAFFA

manchmal
kriagn ma uns in d hoar

des tuat dir weh
und
des tuat mir weh

weil koana
laßt den andern aus

DEZEMBER

samma auße in n wald
zum christbaamstehln

is nix draus wordn
weil unter am jedn baam is scho
a tots christkindl glegn

samma dahoam ghockt
ohne liacht
hamma weihnachtn gfeiert

is uns net guat gwen dabei

hamma uns d händ gebn
hamma uns festghaltn

LEBENSZEICHEN

so lang
wia am waschseil
grad unterhosn
und pullover
grad schlafanzughosn
und sockan
hängan

so lang
woaß i
daß du
no net aafgebn hast

so lang
tua i alles
daß allerweil gnua
dreckerte wäsch do is

ZEICHNEN

auswendig
hab i di zeichnen wolln
dein kopf
dein busn und
den schwarzn schattn unter
deim bauch

für deine fiaß
is koa platz mehr gwen
aaf meim blaadl

und etz spann i s
daß i nia net
aaf deine fiaß gschaut hab

deine fiaß
mit dene wo s d weggaganga bist
deine fiaß
de hab i übersehng

SCHLAFEN

du und i
oans im andern verräumt

schaufl und besn im kastn

aafgräumt und finster
de köpf

nix mehr laafft

alle gedankn
mit de fiaß in da höh
wia d stühl im wirtshaus
nach da sperrstund

VI

*„beschwerlicher werden die wege der ameise,
die sich am kampf mit dem grashalm erkannt hat.
berge versperren den rückzug. sie machen
um eine hoffnung ehrlicher."*
(ernst jandl)

SOMMERNACHT ÜBERM VORWALD
(fürn reiner kunze)

in de kniakehln
vo da nacht
steht s wasser

gras wachst staad
über des
was ma gestern
gredt habn mitanand

blaadln daampfln
tau liegt aaf da schreibmaaschin

i lieg im bett
mi friert s

IN ALLER HERRGOTTSFRIAH

hab glasige augn
vo da nacht am fenster
aber etz faarbt se da kaffee hell
und hinterm nebl bellt a hund

an alte frau fahrt schwarz
in schwarz aaf am schwarzn raadl
mit am aafgspanntn schwarzn regnschirm
zur kirch obe

im radio bringen wir ihnen
jetzt
die morgensonate
da gockl kraaht

und da nebl kriacht
zum nachbarhaus hi
kriacht weiter bis
da reißverschluß
vor meim fenster zua is

MARIÄ VERKÜNDIGUNG

de erschtn übermiatign gedankn
ruckan ei ins hirnkastl
kumman hoam vo weit her
wia de staarl
schaun s ob s wieder
ihr nest
baun kinnan
in den kobl vom vorign joahr

WIEDER DAHOAM
(pieta, ölgemälde von gabriele münter)

nix bsonders

der hat se darennt
mit seim motorraadl

dabräslt hat s n
brot für de veegl
aaf am hoaßn kühlergrill

koana hat schuld
als wia er selber

d mamma
nimmt n no oamal
in d arm

gibt eahm a kloans restl
vo ihrana wärm

nimmt eahm a kloans breckl
vo seiner kältn

und er halt se staad
so staad
wia wenn s eahm
wieder taugn taat
bei ihr

MITTE MAI

da löwnzahn bricht aus

d wiesn kann se nimmer ducka
beim maahn

da weiher kann an himml nimmer kloabeißn
muaß n schlucka schlucka schlucka

A ENGL OHNE HÄND
(deggendorf, ölberg)

(1)
zuwas überhaupts händ
er mag uns net schlagn
er mag uns net streichln

und des aaf was anderne hideutn miaßn
des kann uns er
anders besser zoagn

er kann redn ohne mund
er kann redn ohne wörter
er kann uns packa ohne arm

und aaf oan schlag sehng ma
in am jedn konservendosendeckel
an heilignschein
wo oana weggaschmissn hat
weil an nimmer braucht hat

oder a sägblaadl mit scharfe zähn
des kann da d händ wegschneidn

(2)
drobn über da doana
a uhr ohne zoagl

und zoagt s uns doch
was s gschlagn hat

ZUGVÖGEL

da himml is schwarz
vor lauter fliagl

nimmer lang
dann werd d kältn
de letzte wärm außabeißn ausm eis

nimmer lang
dann is da himml wieder blau

nimmer lang
dann treffts euch ihr hinter
da sonn und putzts euch de federn

damit se s wieder hernehma könnts
zum schreibn am himml

FEBRUAR

unser wiesn is an aafgschlagns biachl
mit laare weiße seitn

unserne kinder schreibn mit händ und fiaß
ihre nama in n schnee

mittn am namittag werd s nacht

sauber z finster
zum lesn

UNSERNE KINDER
(für andreas und martin)

uns geht s net schlecht
mia samma in da wag

aaf da oana seitn alles was uns gfreit
und alles was uns plagt aaf da andern

ihr rennts auße und eina
ihr hupfts ummanander aaf unserm trommlfell
ihr fragts uns und fragts und
wollts doch allerweil
wenger wissen
vo uns

ihr seids de züngerl an unserner wag

so oder so

WINTERMORGEN

in da finstern
maln se aaf de kalte fensterscheibn
bliahknöpf
bliahknöpf wachsn ausm eis

s himmlschlüssal und s sonnakraut
bliahn aaf im liacht
und hungern nach farb

HEIMAT

unser dorf
is da mittlpunkt
vo da ganzn welt

was bei uns
schlecht is
des is woanders
net besser

drum
woaß i net
wohi

Benedikt Gondolf

FÜSSE, TIEF WIE WURZELN
Harald Grill, ein bairisch schreibender Lyriker

Vom Einfachen zu handeln, das ist das Schwerste.
„einfach leben" – dieser Titel ist anspruchsvoll, außerdem ist er doppeldeutig, es kommt darauf an, ob man ihn als Beschreibung oder als Appell versteht, und es kommt darauf an, welches Wort man betont: „*einfach* leben" – bescheiden(er), frei von aufgeredeten Bedürfnissen, auf das Wesentliche bedacht - oder: „einfach *leben*" - unbekümmert(er), frei von aufgeredeten Rücksichtnahmen, mutiger. Wollte man beiden Lesarten gleichzeitig folgen, geriete man unweigerlich in Widersprüche, aber gerade um diese Widersprüche geht es Harald Grill.
Im ersten Teil des Buches stehen drei Gedichte, die in einem Dreischritt den Themenkreis abschreiten, die in These und Antithese vorführen, wie man das Wort „einfach" verstehen bzw. mißverstehen kann und in einer Art Synthese andeuten, was Grill unter „einfach leben" sich gerne vorstellen möchte. Im ersten Gedicht wünscht er sich einen direkten, unverstellten Bezug zu den Dingen (*in meim tisch nix sehng, wia r an tisch*), im zweiten beschreibt er die falsche, die nicht selbst gewählte Einfachheit: *acht stund fabrik / drei stund busfahrn / vier stund hausfrau // a krummer buckl und / zammagwerklte händ // übernaachtige augn / und unter dir / im kellerzimmer klopft / da alt vatter / an d zimmerdeckn / weil a sein tee no net hat // einfacher / geht s nimmer.*
Das ist „einfach leben" als Zustandsbeschreibung. Empfohlen kann diese Einfachheit nur von dem werden, der sie nicht kennt oder der von ihr profitiert. „einfach leben", so wie Grill es sich wünscht und es allerdings auch nur durch Verneinungen und Ausgrenzungen beschreiben kann, klingt (im dritten Gedicht) so: *mag nimmer schwimma im wein // wunder solln an anderne richtung nehma / wenn s scho sei miaßn // wein soll wieder wasser werdn/ koa fahrwasser// z fuaß mag i geh / zu dir.*

„einfach leben" ist so schwer, daß es sich nur in der allen Widersprüchen ihr Recht lassenden Sprache der Dichtung ausdrücken läßt. „einfach leben" ist nur möglich wenn man die Welt sieht, wie sie ist, wenn man wahrnimmt, was einen umgibt, wenn man die vorgestanzten Perspektiven, die Klischees, die den Blick verstellen, hinter sich läßt. Darum bemüht sich Harald Grill. Seine Gedichte sind Wahrnehmungshilfen. In ihnen werden geläufige Metaphern gelinde modifiziert bzw. so dicht hintereinandergereiht, daß sie sich gegenseitig korrigieren und einen über die übliche Bedeutung hinausgehenden neuen Sinn ergeben.

Grill stellt verblüffende Beziehungen her, zwischen Mensch und Ding, Ruhe und Unruhe, Natur und Technik. Dabei finden Bedeutungsübertragungen statt. Die Begriffe verlieren ihre Eindeutigkeit. Es wird auf einmal wahrnehmbar, wieviel Entfremdung sich im scheinbar naturnahen dörflichen Leben breitgemacht hat, daß aber umgekehrt das Abfinden mit dieser Entfremdung vorschnell wäre, und daß es unter der Oberfläche der zivilisatorischen Angepaßtheit durchaus noch ungenutzte Energien gibt.

In poetisch wohlklingender, durchrhythmisierter, scheinbar resignativer Sprache wird formuliert, was bevorsteht, wenn „einfach leben" nicht gelingt: *wenn/ de baam alle/ wegga san// dann/ miaß ma uns/ selber histelln// d händ ausbroatn wia äst// d fiaß miaßn wurzln schlagn// und schaung miaß ma/ wia wenn ma no lebn taatn.*

Typisch für Grills poetische Technik: Verzweiflung und Trost sind ununterscheidbar ineinander verschränkt. In sanftem Ton wird eine brutale Zukunftsperspektive beschrieben. So als könnte, was durch absichtsvolle Versäumnisse zerstört wurde, durch eine verzweifelte, ja fast clownesk die Verwandtschaft alles Lebendigen beschwörende Geste wieder gerettet werden. Zu vertauschen, was sich nicht vertauschen läßt, das ist ja gerade die Denkungsart der Koste-es-was-es-wolle-Investoren. Es kann aber auch, allerdings in einem konträren, eher beglückenden Sinn, die Denkungsart der Dichter sein, im Vertrauen auf ihre Sprache und unser Vorstellungsvermögen da doch etwas entstehen lassen zu wollen, wo schon längst nichts mehr ist. Der Wunsch der

Menschen, wenn die Bäume weg sind, selber deren Gestalt anzunehmen, ist ein verzweifelter. In ihm tut sich aber immerhin die Einsicht kund, daß Menschen und Bäume (im wahren Sinne des Wortes) füreinander einstehen müßten.
Das dichterische Bemühen, Verlorenes zurückzuholen, hat bisweilen Münchhausensches Format: *unserne schutzengln/ stehngan aa scho lang/ aaf da rotn listn// etz san mia/ de schutzengln/ vo unserne schutzengln.* Nur indem wir wahrnehmen, wie sehr uns Gott- und Weltvertrauen abhanden gekommen sind, sind wir eventuell in der Lage, sie in einer Art Aufklärung der Aufklärung wieder herzustellen.
Grills Gedichte sind provokant und lakonisch. Eines seiner wesentlichen Kunstmittel ist die Verknappung, die sentenzhafte Kürze. Er findet einprägsame, eigenwillige Bilder, um zu beschreiben, was ihm Menschen und Landschaft bedeuten. Seine Gedichte sind nicht etwa besänftigend oder tröstend, im Gegenteil, sie sind illusionslos und sarkastisch.
Auszudrücken, was er an der Landschaft und den in ihr lebenden Menschen liebt, hilft ihm die Mundart. Die Gefahr, dabei die Mundart als Reservat des unverbraucht Kernigen und Ehrlichen auszugeben, unterlaufen die Gedichte, indem sie auch das möglicherweise Verlogene des Dialekts durchklingen lassen. Aber Grill denunziert das Bairische nicht. Im Gegenteil: die Möglichkeit des Dialektes, auch Disparates, Widersprüchliches in einem einheitlichen Sprachklang zu binden, erlaubt es Grill, Bildvorstellungen sich in einem Gedicht überlagern und ergänzen zu lassen, die man im Hochdeutschen nicht zusammenbringen könnte. Wer nicht bairisch spricht, kann beim Lesen nur eine sehr ungenaue Klangvorstellung entwickeln. Dadurch bekommt die Sprache Grills etwas unheimlich Oszillierendes. Durch diese Unschärfe wirken die Gedichte auf einen Mundart Unkundigen vielleicht noch poetischer, noch vieldeutiger als auf einen Bayern. Lesen, Hören und Denken geraten in ein Spannungsverhältnis. Es kommt ganz auf den jeweiligen Leser an, seine Herkunft, seine Befürchtungen und seine Hoffnungen, wie er dieses Spannungsverhältnis interpretiert.

glossar

aaf - *auf*
aaffagschwumma - *heraufgeschwommen*
aaffezua - *nach oben*
amal - *einmal (im Unterschied zu:* oamal = *1x)*
arbat - *arbeit*
baam - *Baum, Bäume*
biachl - *Buch*
beidln, abbeidln - *(ab)schütteln*
blaadl - *Blatt*
brettlebn - *flach wie ein Brett*
daachl - *Dach*
denga - *denken*
drantschert - *weinerlich*
eppa - *etwa*
fiaß - *Füße*
fliagl - *Flügel*
friah - *früh*
fralle - *freilich*
gaab - *gäbe*
gloahnt - *gelehnt*
gmaaht - *gemäht*
gnaack - *Genick*
gscheidhaferl - *Wichtigtuer*
gstöcklte milch - *geronnene Milch*
haackl - *Axt*
hamma - *haben wir*
hemadn - *Hemden*
hignaaht - *angenäht*
hungerbleamal - *Hungerblümchen*
jaaga schiaßn - *Jäger schießen*
kaaff ma - *kaufen wir*
kaampl - *Kamm*
kaannt - *könnte*
kopfsalood - *Kopfsalat*

kraagln - *klettern*
laaffa - *laufen*
laar - *leer*
lettn - *Schlamm*
lungafliagln - *Lungenflügel*
miaßn - *müssen*
moana - *meinen*
obezua - *nach unten*
orenna - *anrennen*
plärrgoschert - *laut, lärmend*
riacha - *riechen*
ruabn - *Rüben*
schaam i mi - *schäme ich mich*
schellnkini - *Schellenkönig*
schuahbaandl - *Schuhband*
schwaars tuach - *schweres Tuch*
spann i - *bemerke ich*
spiagl - *Spiegel*
staad - *still*
staarl - *Star(e)*
stoanig - *steinig*
a stroafa - *ein Streifen*
suacha - *suchen*
tamma - *tun wir*
tatschn - *treten*
traam - *Traum*
übernaachtig - *übernächtig*
umdraahn - *umdrehen*
ummegschlicha - *hinübergeschlichen*
veegl - *Vögel*
verkriacha - *verkriechen*
vül - *viel*
waachln - *wehen*
waschseil - *Wäscheleine*
wegga - *fort, weg*
zamm - *zusammen*
zammagwerkelte hände - *abgearbeitete Hände*
zammaraaffa - *zusammenraufen*

anmerkungen

die vorliegenden gedichte sind entstanden in den jahren von 1977 bis 1994. sie wurzeln in meiner mittelbayerischen denkspache. in der schreibung habe ich mich bemüht, der leserin/ dem leser entgegenzukommen. niemand sollte versucht sein, meinen dialekt nachzusprechen. das schriftbild meiner wörter soll nur anstoß oder auslöser sein für die leserin/ den leser den jeweiligen eigenen dialekt oder die schriftsprache „darüberzulegen" bzw. zu verwenden.
es geht mir vor allem um die sprache der bilder.
die lautgetreue wiedergabe von dialektwörtern überlasse ich den sprachforschern.
am rande sei allerdings darauf hingewiesen, daß ich auf der dialektkarte nördlich der „L-grenze" lebe. bei uns wird das ‚L' in vielen wörtern von haus aus mitgesprochen (also „wold" nicht „woid", oder „film" und nicht „fuim" usw.)
für das helle „a" steht immer „aa" - nur dann nicht, wenn das „a" auch in der schriftsprache hell gesprochen wird.
auf die schriftliche ausführung von bindelauten (z. b.: „kaaff ma r uns") habe ich oft verzichtet. solche lautergänzungen verstehen sich für den mundartsprecher meist von selbst; spräche sie ein mundartunkundiger, so würde dies höchstens peinlich oder lächerlich wirken.
ein großes DANKE allen, die mit mir immer wieder in briefen oder in gesprächen über meine gedichte nachgedacht haben, allen voran meiner frau erika, unserer freundin ellen und dem dichter reiner kunze.

inhalt

I
sonntag	9
mei arbat	10
einfach leben (1)	11
einfach leben (2)	12
einfach leben (3)	13
unterwegs	14
geschichte	15
naa, de suppn mag i net	16
kirchenbesichtigung	17
lebenshilfe	18
lungenkrebs	19
doppelverdiener	20
vor da altn mühl	21
hinterm bildschirm	22
grenzland	23
unser grabstoa	24

II
bis zum morgengrauen	27
november	28
schutz suchen	30
stammtisch	31
wallfahrer	32
das ewige licht leuchte ihnen	33
spaziergang durch den neuen friedhof	34
vor da verladestation vom altn stoabruch	35
dorfschönheiten	36
muttertag	37
volkswandertag	38
unser dorf soll schöner werden	39
frühling	40
schlachttag	41

III

zehnerl schmeißen	45
druckert schwül über da doana	46
donaulandschaft bei regensburg	47
wiederaufbereitung	48
entsorgung	49
schutzengelschutz	50
schau aaf	51
oberpfalz	52
walhalla	53
regensburg, rhein-main-donau-kanal	54
nach alten legenden	55
kleiner arber, bayerischer wald	56
übermorgen	57
buntspecht	58
aufbruch früh am morgen	59

IV

bodenschätze	63
stoff für ein heimatlied	64
durchblick	66
in da nacht im pförtnerhäusl	67
herbstmanöver	68
kopflast	69
soldaten	70
vom unbekannten engel	71
vogelbeerbaam	72
wia s d as machst is s verkehrt	73
judenfriedhof in ebern	74
in deiner küch	75

V

liebesgedicht	79
märz	80
familienspaziergang	81
zwischen uns zwoa	82
der gefahr in die augen sehen	83

zammaraaffa	84
dezember	85
lebenszeichen	86
zeichnen	87
schlafen	88

VI

sommernacht überm vorwald	91
in aller herrgottsfriah	92
mariä verkündigung	93
wieder dahoam	94
mitte mai	95
a engl ohne händ	96
zugvögel	97
februar	98
unserne kinder	99
wintermorgen	100
heimat	101

nachwort	103
glossar	106
anmerkungen	108